De puntillas en LUGARES ESCALOFRIANTES

TEATROS ESPECTRALES

por Kathryn Camisa

Consultora: Ursula Bielski
Escritora e investigadora de fenómenos paranormales
Fundadora de Chicago Hauntings, Inc.

BEARPORT PUBLISHING

New York, New York

Créditos

Cubierta, © Serge/Fotolia, © dusk/Fotolia, and © Alexandr Zacliraka/Shutterstock; TOC, © Greg Randles/Shutterstock; 4, © Rocksweeper/Shutterstock, © bondvit/Shutterstock, © Africa Studio/Shutterstock, © ID1974/Shutterstock, © James Steidl/Shutterstock, and © Potapov Alexander/Shutterstock; 6T, © LEE SNIDER PHOTO IMAGES/Shutterstock; 6B, © Arbaes/Dreamstime; 7, © Valentin Agapov/Shutterstock and © Mayer George/Shutterstock; 8T, © PenelopeB/iStock; 8B, © Eric Martin/Figarophoto/Redux; 9, Public Domain; 10L, © Everett Historical/Shutterstock; 10R, © GL Archive/Alamy Stock Photo; 11, © Chronicle/Alamy Stock Photo; 12, © Kamira/Shutterstock; 13, © Sean Pavone/Shutterstock and © ESOlex/Shutterstock; 14, © Predrag Vranic; 14–15, © Kamenetskiy Konstantin/Shutterstock and © Fer Gregory/Shutterstock; 16L, © katalinks/Shutterstock; 16R, © ostill/Shutterstock; 17, © Sergey Petrov/Shutterstock; 18, © Anthony Weller/VIEW Pictures Ltd/Alamy Stock Photo; 19, © Ellen McKnight/Alamy Stock Photo; 20, © Helen Johnson; 21L, © BRad06/CC BY-SA 4.0; 21R, © gcpics/Shutterstock; 23, © Kozlik/Shutterstock; 24, © muratart/Shutterstock.

Director editorial: Kenn Goin
Editora: Joyce Tavolacci
Traductora: Eida Del Risco
Editora de español: María A. Cabrera Arús
Director creativo: Spencer Brinker
Investigador de fotografía: Thomas Persano
Cubierta: Kim Jones

Library of Congress Cataloging-in-Publication Data in process at time of publication (2018)
Library of Congress Control Number: 2017042968
ISBN-13: 978-1-68402-610-4 (library binding)

Para más información, escriba a Bearport Publishing Company, Inc., 45 West 21st Street, Suite 3B, New York, New York 10010. Impreso en los Estados Unidos de América.

10 9 8 7 6 5 4 3 2 1

CONTENIDO

Teatros espectrales

Te encuentras solo en un teatro oscuro y vacío. Ha caído la cortina y hay un **siniestro** silencio. De repente, escuchas pasos que vienen del escenario. Sin embargo, cuando miras detrás de la pesada cortina roja, ¡el escenario está vacío! ¿Podría estar alguien **acechando** en el teatro?

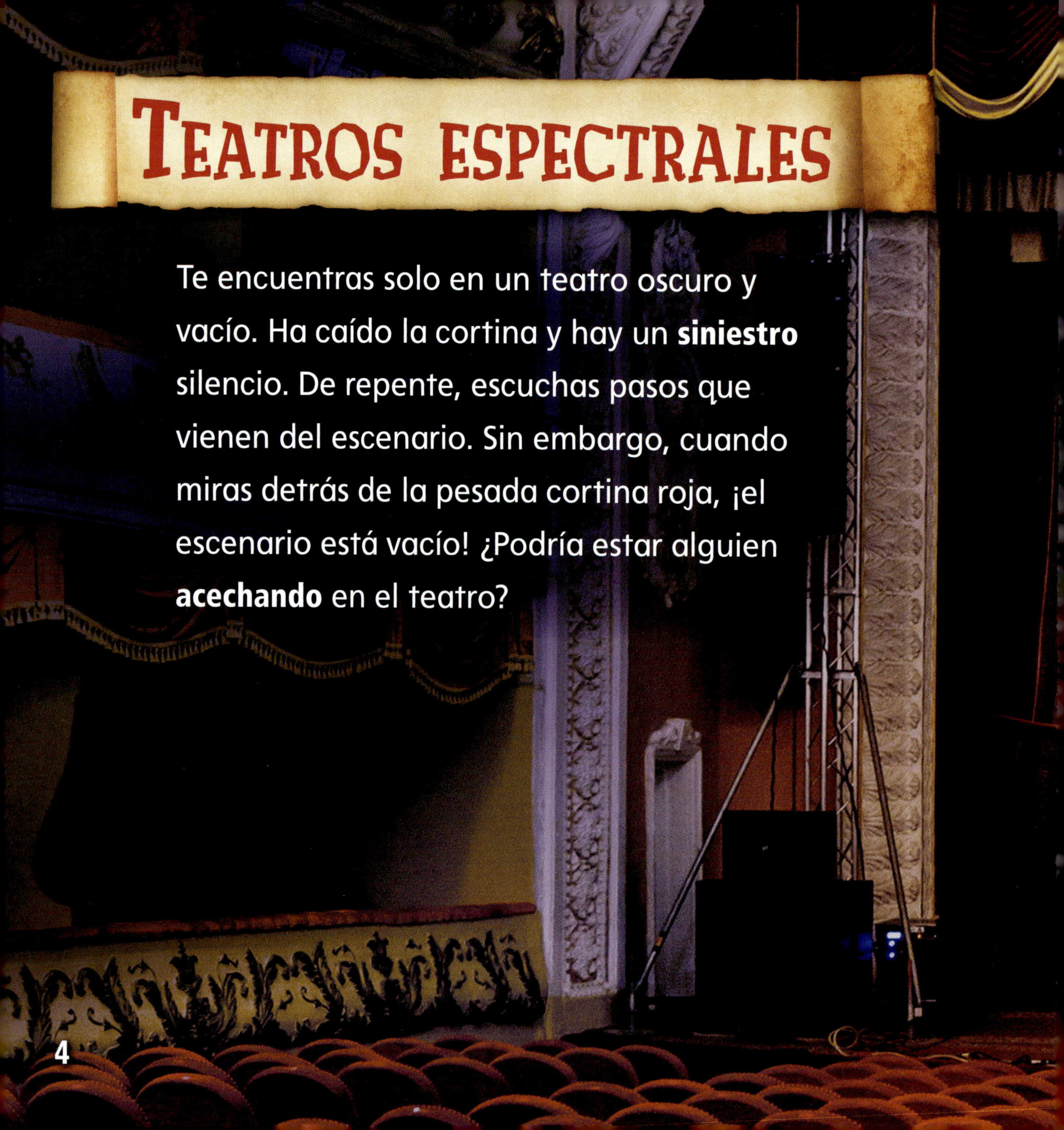

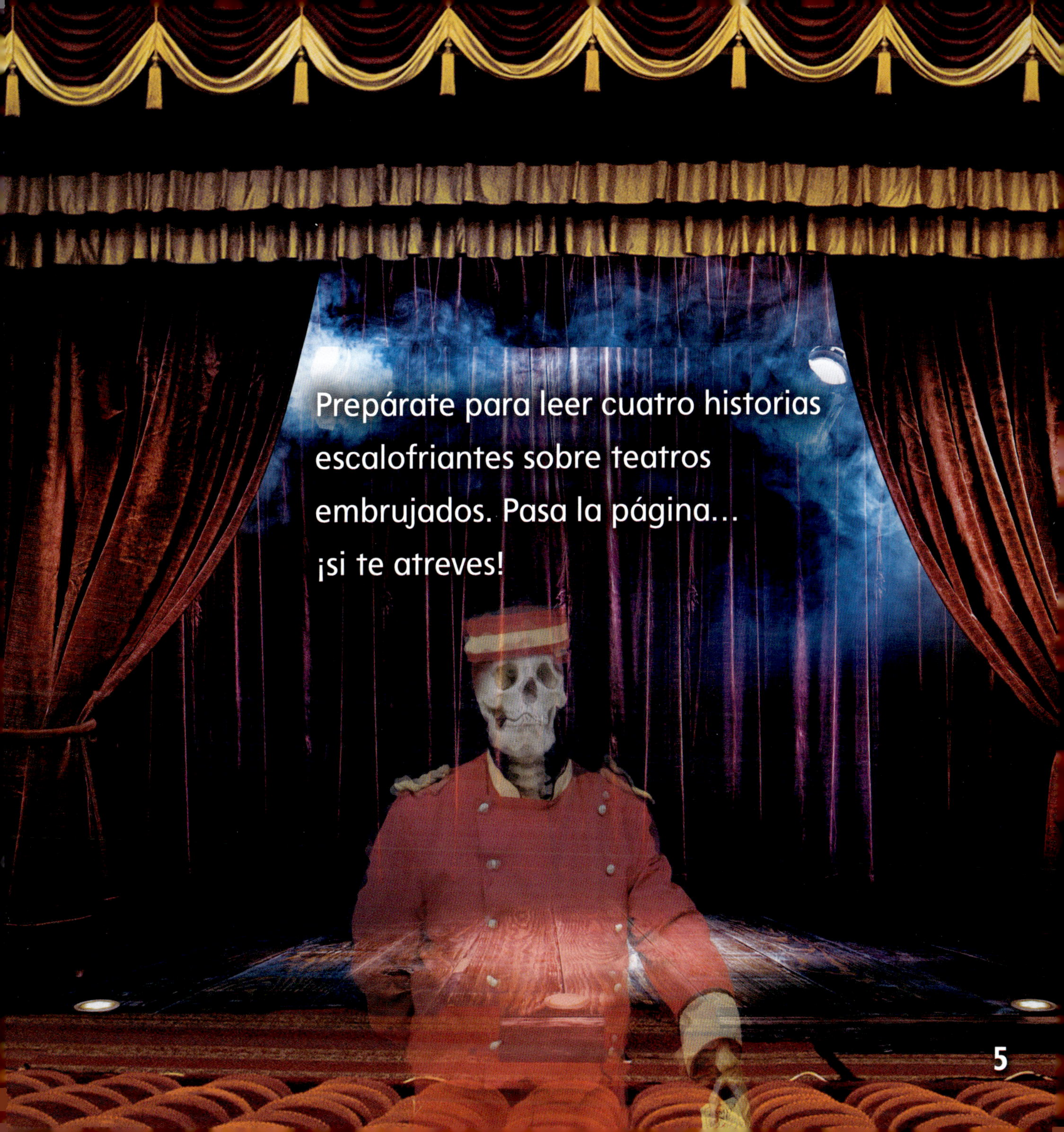

Prepárate para leer cuatro historias escalofriantes sobre teatros embrujados. Pasa la página... ¡si te atreves!

ESTOY... ¡Y NO ESTOY!

Teatro New Amsterdam, Nueva York, Nueva York

Corría la década de 1990 en el teatro New Amsterdam. Un guardia nocturno caminaba por el escenario del teatro. De repente, la luz de su linterna se detuvo en una mujer con un vestido verde. En las manos, **aferraba** una botella azul.

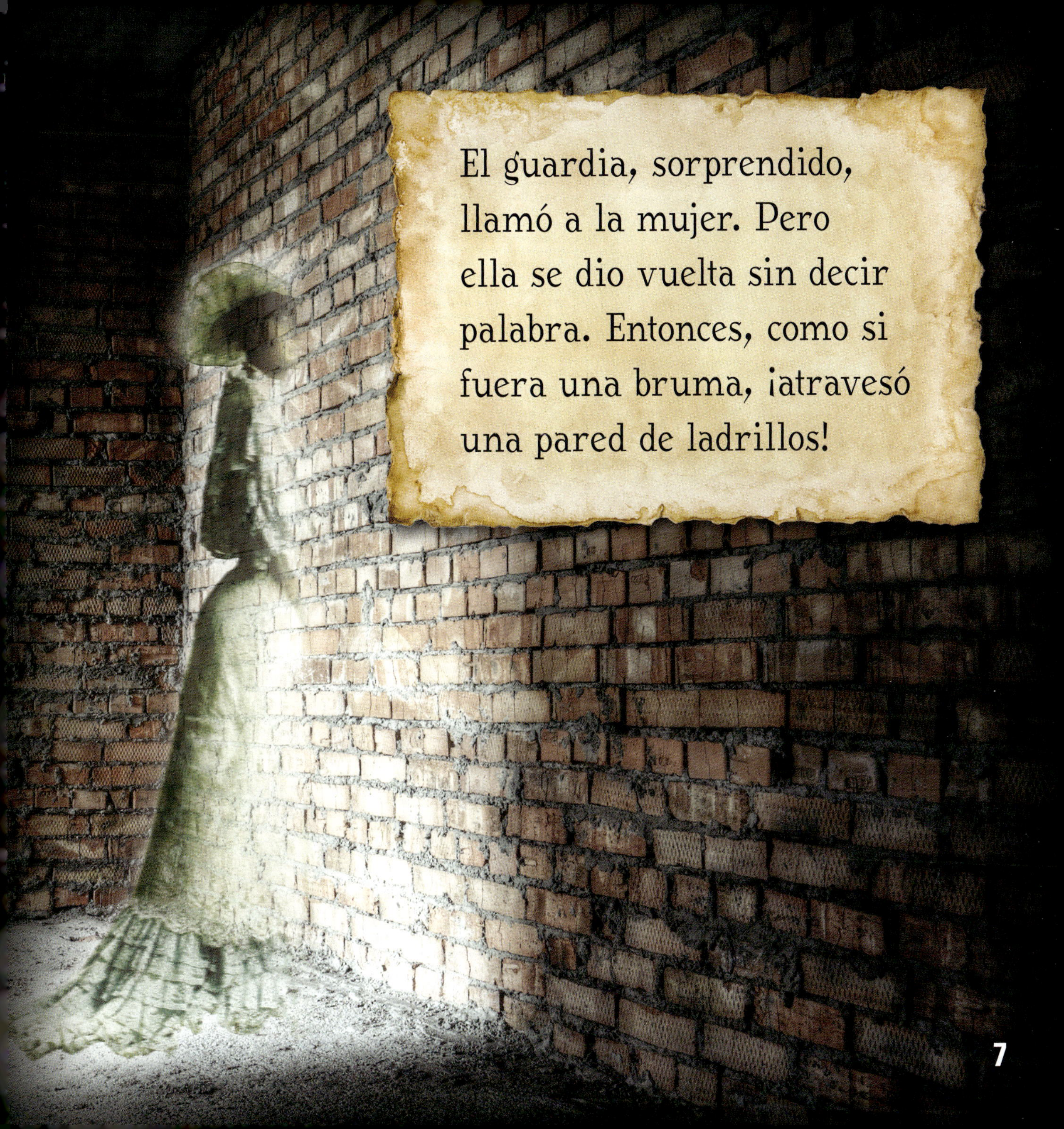

El guardia, sorprendido, llamó a la mujer. Pero ella se dio vuelta sin decir palabra. Entonces, como si fuera una bruma, ¡atravesó una pared de ladrillos!

Muchos creen que el guardia vio el **espíritu** de Olive Thomas. Olive era una famosa corista del teatro. Lamentablemente, su vida tuvo un fin **trágico.**

Una fría noche de diciembre de 1920, Olive no se podía dormir. Tomó de su mesita de noche una botella azul que pensó que contenía pastillas para dormir. No se dio cuenta de que estaba llena de veneno.

La habitación de hotel donde murió Olive Thomas

Después de su muerte, la gente empezó a ver el fantasma de Olive. Aparecía en el escenario sosteniendo la misma botella azul.

El fantasma de Olive es tan conocido que la gente dice "Buenas noches, Olive" cuando se va del teatro New Amsterdam.

Un crimen sangriento

Teatro Ford, Washington, DC

El teatro Ford es uno de los teatros más famosos de Estados Unidos. Sin embargo, no es conocido solo por sus obras. Un crimen estremecedor ocurrió allí.

Era la noche del 14 de abril de 1865. El presidente Abraham Lincoln y su esposa, Mary, estaban mirando una obra de teatro.

El presidente Abraham Lincoln

¡Bang! El estruendoso ruido de un disparo resonó en el teatro. Lincoln se desplomó en su asiento. Le brotaba sangre de la cabeza. Horas después, el presidente moría.

John Wilkes Booth fue el hombre que le disparó a Lincoln. Estaba enojado porque el Sur había perdido la **Guerra Civil**.

Después de la muerte del presidente, el teatro cerró por más de 100 años. Cuando volvió a abrir, en 1968, algunos visitantes presenciaron una versión fantasmal del **asesinato.** Escucharon pasos y el ruido de un disparo.

La pistola usada para matar al presidente Lincoln

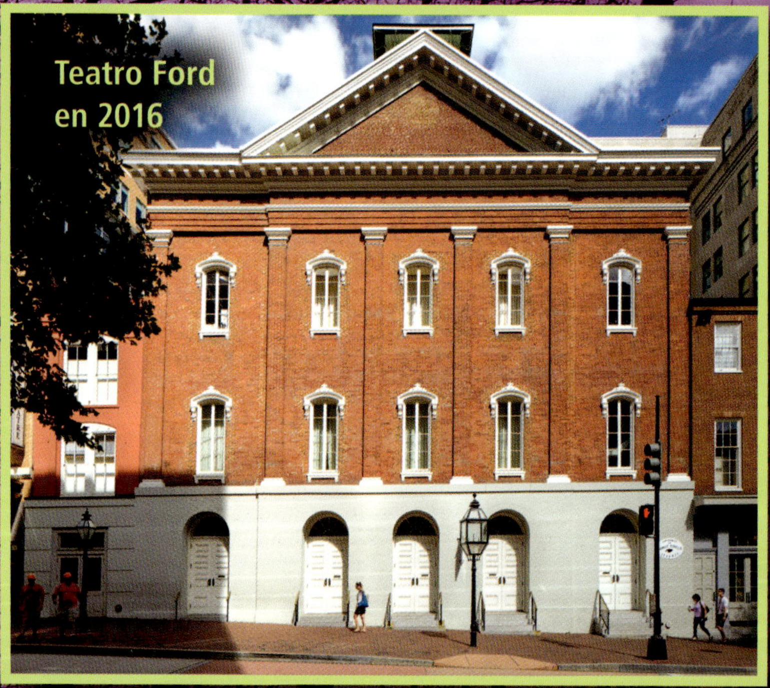

Teatro Ford en 2016

Los actores también han sentido escalofríos en el teatro Ford. Muchos creen que es el fantasma de Booth. Otros dicen haber visto a Booth saliendo a la carrera del teatro. También se ha escuchado a Mary gritar: "¡Han matado al presidente!".

¿Salvado por un espíritu?

Teatro St. James, Wellington, Nueva Zelanda

Está a punto de empezar la obra. De repente, el teatro se oscurece. Detrás del escenario, un trabajador busca el interruptor de la luz. Sin saberlo, está a punto de caerse del escenario.

El teatro St. James

¡Suisss! Una fuerza invisible empuja su cuerpo hacia atrás. Las luces vuelven a encenderse. El hombre se da cuenta de que alguien—o algo—lo acaba de salvar de una caída mortal.

¿Quién salvó al trabajador? Algunos creen que se trata del fantasma de un bailarín ruso. Años atrás, el bailarín se había caído del mismo escenario y había muerto. Desde entonces, en el teatro se ha visto un espíritu alto y delgado. La gente también ha escuchado pasos cuando no hay nadie alrededor.

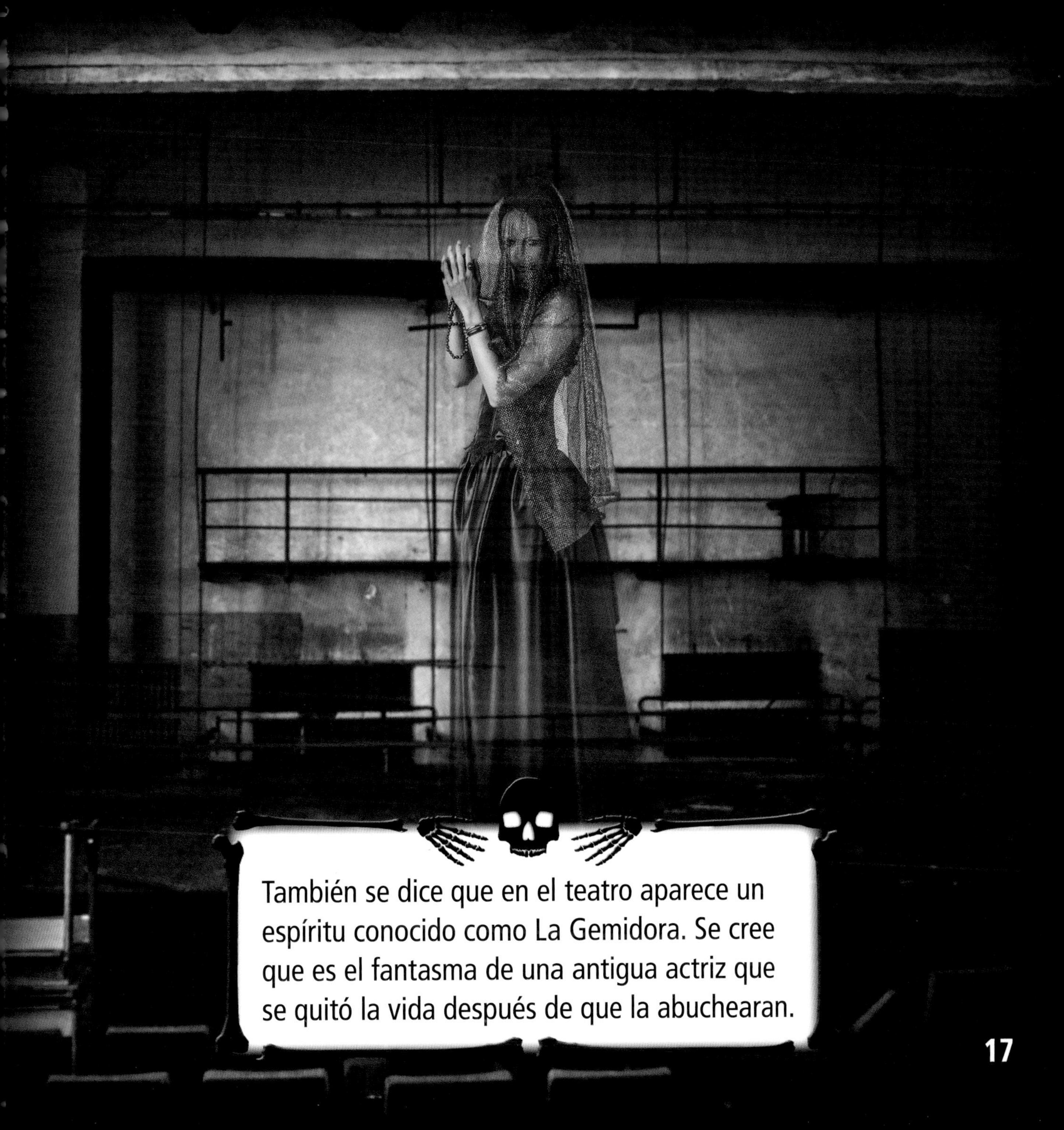

También se dice que en el teatro aparece un espíritu conocido como La Gemidora. Se cree que es el fantasma de una antigua actriz que se quitó la vida después de que la abuchearan.

MUERTO, PERO NO IDO

Teatro KiMo, Albuquerque, Nuevo México

Un día, en 1951, un niño de seis años llamado Bobby Darnell fue a ver una película al teatro KiMo. Estaba en el **vestíbulo** cuando se oyó un sonido muy fuerte. ¡Una explosión destrozó el teatro! El cuerpo sin vida de Bobby fue hallado entre los **escombros**.

El teatro KiMo

Dentro del teatro KiMo

La explosión fue causada por el estallido de la **caldera**.

Poco después de la muerte de Bobby, la gente empezó a ver el espíritu del niño. Suele aparecer en la escalera del vestíbulo. También ha puesto zancadillas a actores y ha encendido y apagado las luces del teatro.

La escalera en el vestíbulo del teatro

La gente empezó a dejar golosinas para el niño fantasma. A veces, han dejado rosquillas colgando detrás del escenario. Al día siguiente, las rosquillas han desparecido... o tienen mordidas pequeñitas.

Regalos para el fantasma de Bobby

TEATROS ESPECTRALES
DEL MUNDO

TEATRO KIMO
Albuquerque, Nuevo México

Visita un teatro donde el fantasma de un niño hace travesuras.

TEATRO NEW AMSTERDAM
Nueva York, Nueva York

Conoce el escenario donde merodea el espíritu de una corista.

TEATRO FORD
Washington, DC

Contempla el asesinato del presidente Lincoln.

TEATRO ST. JAMES
Wellington, Nueva Zelanda

Explora uno de los teatros más embrujados de Nueva Zelanda.

GLOSARIO

acechando escondiéndose en secreto

aferraba agarraba con fuerza

asesinato el acto de matar

caldera una máquina que usa vapor para calentar un edificio

escombros pedazos rotos de algo

espíritu un ser sobrenatural, como un fantasma

Guerra Civil la guerra estadounidense entre los estados del Norte y del Sur, que duró de 1861 a 1865

siniestro malvado, tenebroso o de aspecto desagradable

trágico muy triste y desafortunado

vestíbulo una habitación grande en el frente de un edificio donde la gente se reúne

Índice

Lee más

Lunis, Natalie. *Tragic Theaters (Scary Places).* Nueva York: Bearport (2014).

Teitelbaum, Michael. *The Secret of the Tragic Theater (Cold Whispers).* Nueva York: Bearport (2016).

Aprende más en línea

Para aprender más sobre teatros espectrales, visita:
www.bearportpublishing.com/Tiptoe

Acerca de la autora

Kathryn Camisa una vez se quedó en un castillo que se decía que estaba embrujado. Por desgracia, no tropezó con ningún fantasma durante su visita.